Crowdfunding

Come finanziare una startup

Indice

Introduzione

La recente e ben nota crisi economica ha - tra le svariate conseguenze - notevolmente ridotto gli investimenti, soprattutto quelli destinati alle giovani imprese in cerca di fondi. Da questa necessità è nato il *crowdfunding*, un termine oramai presente e ben radicato nei vocabolari di tutti i paesi del mondo, anche se aleggia ancora un certo mistero tra le persone quando si nomina questo termine.

Questa attività di "raccolta fondi" è solitamente dedicata al sostentamento di progetti di carattere sociale, benefico, economico o produttivo. Il fattore innovativo è però la possibilità di donare con un semplice click, da qualsiasi parte del mondo e un qualsiasi importo.

In questo breve manuale vedremo i diversi tipi di crowdfunding esistenti ad oggi, di come la nostra legislazione regolamenta questo settore, quali sono i maggiori player in questo settore e come è possibile organizzare una campagna di crowdfunding di successo, con una vera e propria operazione di marketing su un prodotto o servizio che esiste, in realtà, solo nella nostra mente.

Cos'è il crowdfunding

La traduzione letterale aiuta sicuramente a capire meglio di cosa si tratta, infatti nella lingua inglese *crowd* significa "folla" o "massa", e *funding* significa "finanziamento". Dalla loro giunzione nasce il crowdfunding, ovvero il sussidio possibile solo grazie a tanti piccoli finanziamenti derivanti da gruppi di persone. Persone che possono essere accomunate da svariati motivi che vedremo più avanti. Inoltre questa pratica permette a chiunque di partecipare e contribuire a progetti alla ricerca di fondi, sia con somme contenute che più ingenti, potendo divenire sia uno *stakeholder* che un semplice donatore.

Il crowdfunding può sembrare un'invenzione derivante dall'avvento di Internet, ma già alla fine dell'800 si assistette ad un vero e proprio esempio di crowdfunding: infatti alla fine dell'Ottocento la rivista The World, di proprietà di Joseph Pulitzer, lanciò una raccolta di fondi dal basso per finanziare il piedistallo e l'installazione della Statua della Libertà, dopo che il Comitato preposto era riuscito a raccogliere solo 150 000 dei 300 000 dollari necessari (ResearchGate).

Ma anche le raccolte di denaro derivanti dagli SMS solidali, pratica nata soli negli ultimi decenni, sono una vera e propria attività di crowdfunding. Basti pensare a come centinaia di migliaia di persone donando piccole cifre, solitamente comprese tra 1 e 2 euro, riescano a finanziare la ricostruzione di grandi opere, come case e scuole. E' inoltre un sistema aperto ove chiunque può lanciare una raccolta fondi, a qualsiasi scopo, in qualsiasi parte del mondo.
Proprio per la sua natura così aperta e per il grosso vantaggio che ha il raggiungere un

gran numero di persone, il crowdfunding ha avuto una crescita enorme nell'era di Internet.

Sono nati veri e propri portali dedicati al crowdfunding, che permettono a qualsiasi persona di raccogliere fondi per scopri di natura personale e sociale, e d'altro canto permettono alle imprese di raccogliere finanziamenti dalle masse, con diversi vantaggi che approfondiremo nel corso del testo.

Uno degli elementi fondamentali per realizzare una campagna di successo, come vedremo nel secondo capitolo, è il coinvolgimento emotivo dei finanziatori, oltre alla fattibilità e alla credibilità del progetto stesso. Le tre macro motivazioni che possono spingere un individuo a finanziare un progetto di crowdfunding solitamente sono il "pre-ordine" di un prodotto, la donazione di denaro per una causa specifica e la creazione di benessere per la comunità intera. C'è anche un'altra possibilità, quella dell'equity crowdfunding, ove chi investe denaro lo fa col solo scopo di diventare possessore di una quota di una società. Esistono poi rami di questa "disciplina" molto articolati e specifici che andremo ad analizzare in maniera meno approfondita in quanto più rari e difficili da trovare, specialmente nel mercato consumer.

Rischi e opportunità

I rischi e le opportunità derivanti dalle attività di crowdfunding sono pressoché infiniti e variano da caso a caso, ecco perché è fondamentale creare un business plan, fare degli studi di fattibilità e tutelare nel migliore dei modi le proprie idee, ad esempio depositando un brevetto e depositando il marchio.

Il crowdfunding è quindi un'opportunità enorme per aziende e imprese che hanno bisogno di ricercare fondi e hanno, grazie al crowdfunding, l'opportunità di raccogliere finanziamenti direttamente dalle persone interessate al servizio offerto.
In particolare, il finanziamento è una delle fasi più difficili per una startup: le aziende in fase di avvio hanno infatti bisogno di soldi e investimenti. Normalmente questi vengono

forniti dall'imprenditore stesso, se possibile, o da investitori esterni, privati o banche.

In questo ultimo caso, è fondamentale per l'imprenditore essere in grado di convincere un ente terzo della bontà del progetto. Questo problema è fondamentale, soprattutto nelle imprese innovative: investitori di alto profilo e enti come banche non sono generalmente in grado di valutare il reale potenziale di progetti in fase di lancio:

Gli investitori privati hanno una serie di conoscenze e concetti legati al campo di esperienza personale dell'investitore stesso, che può portarlo a finanziare startup che non nascondono un reale potenziale, o al contrario a sottovalutare un progetto che invece avrebbe un servizio utile e interessante ma non riesce a catturare l'attenzione dell'investitore. Inoltre, pochi investitori sono disposti a investire grosse cifre per la realizzazione di progetti ad alto rischio e con potenziale ritorno a lungo termine: questo rende molto difficile lo sviluppo di realtà che sono, invece, successi reali ad esempio nella Silicon Valley: basti pensare agli enormi investimenti e finanziamenti di cui hanno necessitato aziende come Google, Amazon o Facebook. Uno sforzo di questo genere è insostenibile da un investitore privato e anche un investimento di seed, ovvero in fase iniziale, risulterebbe poco allettante perchè si prevede già da subito la necessità di ulteriori round di investimento in futuro, mentre spesso non è ancora chiara la strategia di monetizzazione.

Il finanziamento presso istituzioni, come banche o fondi di investimento, costringe invece l'imprenditore ad accettare una serie di condizioni che vengono, di fatto, imposte. Una banca, infatti, chiederà un tasso di interesse per l'investimento che finirà per essere una spesa fissa dell'azienda per un lungo periodo, rendendo quindi l'intera gestione meno flessibile e rallentando la crescita. In ogni caso, la fornitura di investimenti tramite una banca richiede anche un sistema di garanzie che molte startup non sono in grado di fornire: non è sufficiente un business plan solido, ma servono anche beni materiali o capitale su cui l'ente possa rivalersi in caso di necessità. In queste situazioni, comunque, viene valutato il il progetto secondo parametri che non sono quelli reali, ma valutazioni personali delle persone addette alla verifica, che potrebbero non corrispondere alla persona interessata al servizio prodotto o offerto dalla startup. Eventuali valutazioni di mercato potrebbero anche non avere il valore oggettivo che è solito considerare: poiché queste startup lavorano spesso in mercati nuovi ed emergenti, è estremamente difficile valutare la crescita di un mercato appena nato ed è quindi molto facile sottovalutare, o sopravvalutare, alcune opportunità.

Ovviamente, non tutto ciò che riguarda il crowdfunding è positivo.

La mancanza di un controllo formale e la possibilità di ricevere finanziamenti anche da persone meno diligenti, facendo leva sulla componente emotiva ed emozionale, può da un lato permettere lo sviluppo di prodotti e soluzioni estremamente innovative, ma dall'altro espone entrambe le parti a rischi importanti che è bene tenere in considerazione.

In particolare, il creatore della campagna è esposto ad un rischio di impresa per un importo molto maggiore rispetto a quello che può sostenere: così come il finanziamento classico, anche il crowdfunding mette a disposizione una leva importante che è necessario saper usare per poter ottenere risultati. La grossa differenza è che lo fa senza discriminazioni: ragazzi giovani e senza alcuna esperienza imprenditoriale hanno la possibilità di raccogliere milioni di dollari nel giro di poche settimane, spesso senza alcun tipo di controllo da parte dei tanti investitori.

Questa possibilità rischia quindi di amplificare eventuali errori che l'imprenditore ha commesso nella stesura delle fondamenta della propria impresa:

Potrebbe essere impossibile portare a termine l'obiettivo prestabilito. L'imprenditore potrebbe aver promesso la realizzazione di un prodotto che non è tecnicamente realizzabile. Questo può capitare in una situazione di impresa ad alta componente tecnica, come lo sviluppo di un nuovo materiale o nel caso in cui la realizzazione possa dipendere totalmente dalla compatibilità con terze parti sulle quali non si ha il controllo. In questa situazione, l'imprenditore si trova quindi ad avere un capitale sostanzialmente inutilizzabile, e una forte responsabilità nei confronti dei finanziatori. Una situazione di questo genere è assolutamente negativa e la responsabilità è da imputare ovviamente all'imprenditore stesso. Esso infatti ha il dovere di effettuare *due diligence* sul progetto a cui egli stesso si vuole dedicare. Tuttavia, per i meno avvezzi, il crowdfunding può sembrare un metodo per finanziare *idee*, non imprese. Questo tipo di errore è comprensibile: del resto, su Kickstarter o Indiegogo vengono proposte centinaia di idee su prodotti, e questi prendono vita grazie ai finanziamenti. Ciò che sta però dietro queste raccolte fondi, non solamente idee astratte ma mesi di lavoro e pianificazione, spesso non traspare da queste iniziative: l'investitore meno informato, infatti, è spesso attirato in modo emozionale dalle funzionalità e dalla novità del prodotto, piuttosto che dai tecnicismi che stanno dietro all'impresa che si occuperà della realizzazione dello stesso. Da questo mito, quindi, nasce la credenza particolarmente diffusa di poter

16

finanziare un'idea, invece che un'impresa, e quindi che chiunque possa diventare un imprenditore semplicemente con una idea nuova ed originale.

Errori nella pianificazione dei costi necessari per la realizzazione di quanto promesso o l'avvento di situazioni non previste. Questo può capitare e lascia l'imprenditore in una situazione particolarmente problematica: egli infatti si trova ad aver speso una parte importante dei fondi raccolti, ma non ha la possibilità di realizzare quanto promesso. Una situazione di questo tipo nasce dall'inesperienza dell'imprenditore nel settore tecnico di appartenenza, o da alcuni cambiamenti avvenuti in corso d'opera - ad esempio l'overfunding, ovvero il raccogliere molto più della cifra preventivata, per quanto sia una situazione positiva, può comportare la necessità di sviluppare nuovi metodi di realizzazione del prodotto, i quali costi non erano stati previsti inizialmente.

Esistono inoltre numerosi rischi per i finanziatori delle campagne di crowdfunding. Questi soggetti sono generalmente i più esposti, in quanto si assumono in parte anche il rischio d'impresa che normalmente spetta all'imprenditore.

Infatti, i *funder* di una campagna di crowdfunding non hanno generalmente esperienza in ambito economico o finanziario, e non devono essere stati imprenditori.

In alcuni paesi e in alcune situazioni esistono regolamentazioni particolari, che però non sono sostitutive al comune buon senso e all'applicazione di una *due diligence* preventiva; ad esempio per partecipare a Equity crowdfunding, un cittadino USA deve rispettare il requisito di essere un investitore accreditato: si può ottenere con un patrimonio che supera il milione di dollari americani, o con un reddito annuale oltre i 200 mila dollari. Queste misure preventive, oltre a non sostituire la diligenza e le ricerche che l'investitore deve fare per conto proprio, rischiano inoltre di impedire a eventuali investitori meno abbienti la partecipazione a campagne di crowdfunding molto promettenti, limitando di fatto le possibilità di guadagnare di queste figure.

Tuttavia, è facile capire il motivo di questa limitazione: il mondo del crowdfunding ha visto una gran quantità di truffe e frodi ai danni degli investitori, con cifre che vanno dalle poche migliaia di dollari fino a superare il milione.

La truffa premeditata non è, tuttavia, l'unico rischio a cui si espone l'investitore di una campagna di crowdfunding. Infatti, tutti gli aspetti che abbiamo già incontrato tra i rischi per l'imprenditore si replicano anche qui: gli interessi dell'investitore sono, anche in questo caso, strettamente legati a quelli dell'imprenditore.

Può capitare, infatti, che in una campagna di reward crowdfunding il prodotto promesso risulti non essere realizzabile, per mancanza di fondi o difficoltà tecniche. Abbiamo visto quali sono le difficoltà per l'imprenditore in queste situazioni, ma la situazione è evidentemente chiara anche per l'investitore: non riceverà ciò per cui ha pagato, e non potrà far nulla al riguardo.

Le campagne di crowdfunding sono, se non specificato altrimenti, legate al principio del *best effort*. L'imprenditore, infatti, non può garantire per la realizzabilità del progetto, e se questo dovesse rivelarsi non realizzabile, nulla potrà essere imputato all'imprenditore.

Ovviamente il discorso del *best effort* decade quando il fallimento del progetto era premeditato, sfociando in un reato di frode; tuttavia è estremamente difficile per un gran numero di piccoli investitori organizzare un'azione legale verso un soggetto privato, molto spesso residente in un paese o addirittura in un continente diverso, ed è così che diversi crimini legati al mondo del crowdfunding sono rimasti impuniti nel corso degli ultimi anni.

Garanzie superiori sono, talvolta, fornite in campagne di Equity crowdfunding o ICO. In queste situazioni, infatti, è spesso prevista una soglia di finanziamento superata la quale l'investitore ha il diritto di entrare a far parte della *board* del progetto, prendendo parte attiva alle decisioni dell'azienda. Questo non garantisce in alcun modo la riuscita del progetto, ma è comunque una sorta di controllo che l'investitore può esercitare sull'operato dell'imprenditore.

Le tecniche di crowdfunding

Reward crowdfunding

Il reward crowdfunding è la tipologia di crowdfunding che viene più spesso utilizzata e di cui si sente parlare. È anche quella più supportata e facile da organizzare, tanto da esistere piattaforme online come Kickstarter e Indiegogo dedicate appositamente alla pianificazione e al marketing di prodotti in reward crowdfunding.

L'idea alla base del reward crowdfunding è semplice ma molto efficace: l'imprenditore propone agli investitori un progetto, che possa essere un prodotto fisico, un progetto musicale, un film, un software. A seguito della redazione di un business plan, è infatti possibile definire con precisione - in linea teorica - i fondi necessari per la realizzazione di tale progetto.

Questi vengono chiesti direttamente ai finanziatori, generalmente indicati come *funders* o *backers*, che in cambio riceveranno proprio una copia del prodotto o del progetto che hanno contribuito a realizzare.

Equity crowdfunding

Questa declinazione del crowdfunding è quella più articolata e meno popolare, infatti nell'equity crowdfunding startup innovative, piccole e medie imprese mettono sul mercato parte delle quote societarie in cambio di una cifra prefissata. Il tutto avviene sotto rigide regolamentazioni e portali creati appositamente, anche se nel nostro paese è solo dal 2013 che l'equity crowdfunding è normato dalla legge.

La necessità di chi immette sul mercato quote societarie è quella di raccogliere fondi per un aumento di capitale, un investimento ingente o l'immissione in nuovi mercati. Dall'altra parte vi sono persone che credono fortemente in un'idea e vogliono part parte di un'azienda che si prospetta redditizia nel futuro.

Initial Coin Offering

Una forma particolare del crowdfunding è quella delle ICO. Si tratta di una modalità di finanziamento molto recente, che prende alcuni aspetti dal reward crowdfunding e altri dall'equity crowdfunding, e può essere utilizzata da aziende nel settore delle criptovalute.

Lo sviluppo di questi sistemi, infatti, richiede investimenti importanti che devono essere finanziati. Per finanziare queste attività tramite il crowdfunding, un'impresa può vendere una porzione della valuta stessa che andrà a creare. Questa mossa è molto particolare, perchè da un lato rientra nel reward crowdfunding: l'investitore, infatti, compra un certo numero di cryptomoneta in cambio del proprio investimento; dall'altro lato, la ICO ha anche l'effetto secondario di stabilire un primo valore di mercato della valuta stessa, che dal momento successivo alla consegna agli investitori diventerà liberamente scambiabile. L'investitore, quindi, sarà in grado di rivendere parte delle proprie cryptomonete ad un prezzo diverso rispetto a quello a cui le ha comprate - e questo prezzo è dettato dal valore pratico della moneta, e quindi direttamente dalla qualità dell'operato dell'azienda e dell'imprenditore.

E' quindi chiaro che, seppur meno regolamentate, le ICO abbia anche alcuni aspetti in comune con le Initial Public Offering, ovvero le quotazioni in borsa di società. In entrambi i casi, infatti, si ricambia l'investitore con un bene liberamente scambiabile il cui valore non è determinato nel tempo, ma potrà aumentare o diminuire secondo l'operato dell'azienda stessa.

Loan crowdfunding

Il loan crowdfunding è un metodo di finanziamento per certi versi simile a quello offerto dalle banche. Il funzionamento alla base è molto semplice: l'imprenditore richiede un finanziamento, che viene erogato da un gran numero di persone. Queste, in cambio, non riceveranno né quote dell'azienda né un prodotto, ma un interesse sul prestito.

Il loan crowdfunding quindi mette a disposizione dell'investitore un metodo per investire i propri soldi in un asset completamente passivo. D'altro canto, l'imprenditore può avere un accesso al credito più veloce e flessibile: può decidere egli stesso i termini del finanziamento, salvo poi trovare le persone disposte a finanziarlo.

Il load crowdfunding è anche possibile tra privati, con l'aiuto di alcune piattaforme online come, ad esempio, Smartika.

Hybrid crowdfunding

L'hybrid crowdfunding è, come dice il nome, un metodo di finanziamento ibrido a disposizione delle aziende. Infatti, esiste la possibilità per l'impresa che è alla ricerca di fondi, di finanziare parte delle proprie necessità tramite l'equity crowdfunding, e la restante parte tramite il loan crowdfunding.
Questa pratica permette all'imprenditore di mettere a disposizione degli investitori una quota ridotta della propria azienda, ma di ottenere comunque il finanziamento per l'intera cifra di cui necessita, a patto di restituirne una parte secondo tempi e modi previsti.

Royalty crowdfunding

Il royalty crowdfunding è una variante dell'equity crowdfunding. Infatti, in questa particolare situazione, non viene messa a disposizione una quota dell'azienda ma una parte delle royalty che il prodotto sarà in grado di realizzare nel corso degli anni.

Questo tipo di finanziamento può quindi essere utilizzato per lo sviluppo di opere creative o di ingegno come film, musica ma anche particolari brevetti.

Donation crowdfunding

Il donation crowdfunding è molto diverso dalle altre declinazioni del crowdfunding che abbiamo visto. Si tratta, infatti, della richiesta di donazioni per fini no-profit. Viene utilizzato molto spesso per scopi benefici e umanitari, ad esempio per la salvaguardia di animali a rischio di estinzione, la cura di malattie particolari o altre cause che stanno a cuore ad un gran numero di persone. Esistono casi di donation crowdfunding molto particolari, che possiamo definire *ad personam*. Infatti, alcune persone con particolari patologie o difficoltà di salute, sono state in grado di raccogliere la somma necessaria per cure e trattamenti medici tramite il donation crowdfunding, grazie ad una comunicazione emozionale e al sentimento di empatia che nasce tra il donatore e il gestore della campagna.

Su Indiegogo, il celebre portale di campagne in crowdfunding, esiste addirittura una sezione particolare dedicata al donation crowdfunding, che gode dell'esenzione dalle tariffe della piattaforma per agevolare queste operazioni umanitarie.

Regolamentazione in Italia

Il crowdfunding in Italia è regolamentato già dal 2012 con il decreto D.L. 179, evoluto poi con la delibera 18592 della Consob.

Dal 2012, infatti, il Governo Monti decise di applicare una serie di semplificazioni al crowdfunding, in particolare per agevolare gli enti o le imprese interessate ad aprire campagne di crowdfunding su Internet.

L'obiettivo di queste agevolazioni era infatti quello di spronare la crescita del paese tramite la nascita di nuove imprese, anche grazie alla raccolta fondi in crowdfunding. Vennero quindi abbattuti i costi per le campagne di crowdfunding, e allo stesso tempo semplificate le procedure di registrazione. Nello stesso momento, vengono anche previsti incentivi di natura economica per la nascita di startup innovative, che sono le aziende più toccate dal tema del crowdfunding.

Nello stesso tempo viene implementato il *Testo Unico della Finanza*, che prevede in particolare l'equity crowdfunding come forma di finanziamento e di raccolta di capitali, definendola come "Gestione collettiva del risparmio". Questo testo regolamenta quindi i portali italiani che si occupano di equity crowdfunding, come ad esempio Mamacrowd.

Il 30 marzo dell'anno successivo, la Consob ha pubblicato il primo regolamento sulla raccolta di capitali tramite portali online. Questo regolamenta nello specifico le modalità di iscrizione ad un particolare registro per i portali che vogliono offrirsi come piattaforme di crowdfunding su Internet. Definisce, inoltre, i requisiti che queste imprese devono soddisfare per poter praticare queste operazioni e i controlli che essi devono eseguire sulle startup innovative che dovessero richiedere di raccogliere fondi tramite il crowdfunding.

Quale piattaforma usare

Come abbiamo visto, esistono centinaia di portali su Internet dedicati alla raccolta di fondi con il metodo del crowdfunding. Inoltre, diverse campagne sono avviate senza la necessità di un vero e proprio portale di riferimento: queste vengono pubblicate direttamente sul sito web dell'azienda che organizza la raccolta, trasformando il sito stesso in un servizio di crowdfunding, talvolta direttamente, altre volte con l'implementazione di applicativi di backend.

Vediamo, tuttavia, i portali di riferimento nel mondo del crowdfunding per fornire un'idea dei diversi metodi e delle filosofie che è possibile implementare in casi pratici di raccolte fondi, e di come il crowdfunding possa essere profondamente diverso caso per caso, pur mantenendo la propria natura.

Indiegogo

Indiegogo è la piattaforma di crowdfunding più completa in assoluto.

Fondato nel 2008 da Danae Ringelmann, Slava Rubin e Eric Schell, è, insieme a Kickstarter, il punto di riferimento per il crowdfunding in tutto il mondo.

Indiegogo permette l'apertura di campagne di crowdfunding con il metodo del reward crowdfunding o tramite donazioni, e, dal 2016, offre addirittura il servizio di equity crowdfunding e ICO grazie ad una partnership con MicroVentures.

La procedura di finanziamento su Indiegogo è estremamente flessibile: l'impresa che vuole raccogliere fondi può stabilire, di propria volontà, sia la cifra da raccogliere che l'obiettivo temporale entro il quale vuole raggiungere l'obiettivo.

Indiegogo mette a disposizione due modalità per valutare il successo di una campagna di crowdfunding: finanziamento flessibile o fisso.

Il finanziamento flessibile permette al titolare della campagna di raccogliere qualsiasi cifra: se l'obiettivo è di raccogliere 10.000€ e la campagna ne ottiene solamente 5.000€, questi vengono comunque corrisposti all'impresa, che si impegna a portare a termine l'obiettivo con una cifra sostanzialmente ridotta. Questa opzione può essere molto utile dove i costi sono flessibili, ad esempio nella realizzazione di un film, dove è possibile tagliare alcune scene o assumere attori più economici, o di un album musicale dove potrà influire sul numero di tracce o sulla modalità di distribuzione del contenuto.

Il finanziamento fisso, invece, costringe l'imprenditore al raggiungimento dell'obiettivo. In caso contrario, tutti i fondi verranno restituiti ai finanziatori, che saranno completamente rimborsati. Questa modalità di finanziamento è particolarmente efficace per progetti con costi fissi particolarmente importanti, ad esempio lo sviluppo di prodotti tecnologici per i quali non è possibile prescindere da costi di impianto industriali, senza i quali il prodotto non può essere in alcun modo realizzato.

Kickstarter

Kickstarter è, insieme a Indiegogo, uno dei portali di crowdfunding più famosi al mondo.

Kickstarter si caratterizza per una gestione meno flessibile e più rigida delle campagne, che vengono selezionate prima della pubblicazione e verificate dallo staff. Il risultato è, quindi, una maggiore percentuale di progetti di successo e, tendenzialmente, un minore rischio di truffe per i partecipanti alla campagna.

Kickstarter prevede una sola modalità di raccolta fondi, quella a finanziamento fisso.

Su Kickstarter sono nati progetti divenuti poi famosi su fama mondiale, tra questi Pebble, che ha raccolto oltre 45 milioni di dollari in tre campagne di crowdfunding per poi essere acquisito da Fitbit, e il mediometraggio Kung Fury, che vede la partecipazione dell'attore David Hasselhoff.

AngelList

AngelList è meno famosa delle precedenti piattaforme, perchè non è di interesse del grande pubblico. Infatti, AngelList si propone come piattaforma di equity crowdfunding per startup high-tech.
Da AngelList nasce CoinList, portale dedicato in particolare al mondo delle ICO.
AngelList, oltre a permettere ad investitori accreditati di investire nelle startup, permette anche a persone di talento di trovare lavoro presso queste. Le startup, infatti, sono in grado di pubblicare annunci di lavoro a cui persone interessate - e qualificate - possono candidarsi.

Crowdfunder

Molto simile a AngelList, Crowdfunder permette alle startup di raccogliere capitali tramite l'equity crowdfunding da investitori statunitensi accreditati.

GoFundMe

GoFundMe è una piattaforma di reward crowdfunding molto particolare: infatti si distingue per l'assenza di una tariffa sui fondi raccolti e l'estrema flessibilità delle condizioni di raccolta fondi.

StarsUp

Portale italiano di equity crowdfunding per startup innovative. Nato nel 2013, è un servizio completamente sviluppato e gestito in Italia, iscritto al registro Consob.

Si tratta di un portale riservato alle imprese certificate come startup innovative e PMI innovative in Italia, garantisce quindi una concorrenza inferiore rispetto alle piattaforme di fama internazionale.

Gli elementi per il successo nel crowdfunding

L'analisi di decine di campagne di crowdfunding porta alla luce alcuni pattern che possono indicare il successo di una raccolta fondi. Infatti, sebbene la nascita di piattaforme di crowdfunding online permetta a chiunque di avviare campagne di raccolta fondi, una gran parte di queste non raggiunge l'obiettivo prefissato e produce quindi un fallimento per l'imprenditore.

Il lancio di una campagna di crowdfunding di successo richiede, infatti, una attenta pianificazione sotto diversi punti di vista.

Marketing e comunicazione

La campagna di crowdfunding è simile a un vero e proprio lancio di un prodotto. La comunicazione deve essere gestita allo stesso modo: è quindi necessario che l'imprenditore investa fondi, tempo e risorse per far conoscere ai potenziali finanziatori la propria offerta, che si tratti di un prodotto fisico o digitale, o anche di una quota societaria.

L'imprenditore deve saper comunicare, sfruttando i canali giusti secondo il target di riferimento.

Nel caso di campagne di reward crowdfunding, si fa generalmente leva su sponsorizzazioni grazie al supporto di blog nel settore o social media. Efficaci sono anche joint venture con altri progetti, purchè gli utenti condividano lo stesso target di utenza.

Un ragionamento diverso è invece necessario per le campagne di equity crowdfunding: non mirando al grande pubblico, è necessario che l'imprenditore faccia parlare di se in riviste di settore. Gli imprenditori che riescono ad avere campagne di successo hanno anche, molto spesso, organizzato eventi live in conferenze o fiere e una forte presenza sui social network, in particolare LinkedIn.

Un esempio di campagna di equity crowdfunding di successo grazie ad una comunicazione efficace è quella dell'italiana Worldz. L'imprenditore, Joshua Priore, grazie ad una consistente attività su LinkedIn e all'aiuto di diversi articoli pubblicati su riviste di settore, come StartupItalia, ha infatti raccolto oltre 600 mila euro con la modalità di equity crowdfunding.

La presentazione

Raggiungere il pubblico non è sufficiente. E' infatti necessario convincere i possibili finanziatori ad investire nel nostro progetto. La pagina di presentazione del progetto è una vera e propria lettera di vendita: il team deve riuscire, allo stesso tempo, a suscitare l'interesse del lettore e a trasmettere un senso di partecipazione al progetto. I finanziatori, infatti, non sono solamente clienti: si trasformano in veri e propri beta tester, in grado di dare all'imprenditore e al team un feedback di qualità sul prodotto o servizio fornito - feedback di estremo valore, perchè proveniente da persone evidentemente in target: interessate e pronte a pagare.

La presentazione solitamente include alcuni rendering del prodotto finito e delle foto reali dello stato attuale del prodotto, che si tratti di una demo o di un prototipo stampato in 3D, o ancora solamente di dimostrazioni di parti del prodotto stesso:

l'impresa dovrebbe sempre essere sincera e onesta con i finanziatori; aspettative troppo rosee vengono spesso punite dal senso critico di chi partecipa alle campagne, solitamente utenti esperti e interessati al settore.

Inoltre, nelle campagne sui più grandi portali di reward crowdfunding, è sempre presente almeno un video di presentazione del prodotto e dei componenti chiave del team che ne porterà la realizzazione. Il video è generalmente di alta qualità e richiede investimenti importanti, come del resto l'intera presentazione. Se fino a pochi anni fa era possibile raccogliere grandi quantità di fondi con video amatoriali e presentazioni molto semplici, le campagne negli ultimi anni si sono sempre più evolute verso vere e proprie sales pages, con una qualità di registrazione video, fotografica e del copywriting degne di una impresa già sul mercato.

Il team

Il team ha un ruolo fondamentale nella riuscita del progetto, ed è buona norma per la pagina di presentazione del progetto spendere qualche parola riguardo le persone dietro al prodotto.

Infatti, i finanziatori stanno letteralmente scommettendo su queste persone: è importante per la campagna poter dimostrare di possedere le competenze necessarie, evidenziando anche eventuali esperienze lavorative pregresse del team, ed eventualmente la presenza di mentori esperti nel settore di riferimento, che possano guidare il team intero verso una strada già battuta e quindi portare a risultati garantiti.

Il piano

Nella presentazione del progetto, oltre a mostrare il prodotto stesso, i finanziatori si aspettano spesso anche alcune informazioni più tecniche sull'impresa. Su una campagna di reward crowdfunding, infatti, molto spesso si pubblica una timeline che racconta, in modo breve ma chiaro, quali saranno i passaggi necessari per raggiungere l'obiettivo finale e quanto tempo ci si aspetta di dover attendere per il raggiungimento. Inoltre, è una buona idea giustificare la quantità di fondi richiesta: chi finanzia un progetto vuole sapere se i fondi raccolti saranno utilizzati per la produzione, lo sviluppo, la ricerca, la spedizione dei prodotti ecc.

In campagne crowdfunding di altra natura, come quelle di equity crowdfunding, il piano d'impresa diventa molto più importante, arrivando ad assumere un ruolo addirittura più pesante di quello del prodotto stesso. Infatti, l'investitore in questo caso si aspetta un ritorno sull'investimento, e sarà propenso a valutare prospetti, informazioni sul mercato e piani di business anche a lungo termine.

Il premio
Infine, l'imprenditore deve definire cosa vuole dare in cambio dei fondi ai finanziatori.

Mentre in una campagna di equity crowdfunding si tratta sempre di quote dell'impresa, soluzioni più originali si trovano spesso durante le raccolte di reward crowdfunding: oltre al prodotto oggetto della campagna, infatti, si mettono in palio anche prodotti particolari in edizione limitata e merchandise del brand dell'azienda, come penne, abbigliamento o adesivi.

In alcuni casi è anche possibile trovare soluzioni dedicate alle imprese, come prodotti personalizzati ad-hoc o pacchetti per la rivendita retail, o addirittura la possibilità di conoscere personalmente il team.

Disclaimer

Tutti i marchi registrati e loghi citati in questo libro, incluso Amazon, appartengono ai rispettivi proprietari.
L'autore di questo libro non pretende né dichiara alcun diritto su questi marchi, che sono citati solamente a scopi didattici e informativi.